Sina Nuêmo

Horoskopdeutung für den Vater

Sina Nuêmo

Horoskopdeutung für den Vater

Der Durst nach Freiheit

Goldene Rakete Verlag für Belletristik

Imprint

Any brand names and product names mentioned in this book are subject to trademark, brand or patent protection and are trademarks or registered trademarks of their respective holders. The use of brand names, product names, common names, trade names, product descriptions etc. even without a particular marking in this work is in no way to be construed to mean that such names may be regarded as unrestricted in respect of trademark and brand protection legislation and could thus be used by anyone.

Cover image: www.ingimage.com

Publisher:
Goldene Rakete Verlag für Belletristik
is a trademark of
International Book Market Service Ltd., member of OmniScriptum Publishing Group
17 Meldrum Street, Beau Bassin 71504, Mauritius

Printed at: see last page
ISBN: 978-620-2-44443-9

Inhaltsverzeichnis[1]:

I. Psychologischer Grundtyp .... S. 5

i. Real- und Empfindungstyp .... S. 5

ii. Der Denktyp als Lebensaufgabe .... S. 7

iii. Der Fühltyp als Lebensaufgabe .... S. 8

II. Erscheinungsbild .... S. 9

i. Begeisterungsfähig und überzeugend .... S. 9

ii. Ein Erscheinungsbild mit Überraschungen .... S. 11

III. Gesellschaftliche und berufliche Zielvorstellungen .... S. 12

i. Die Vermittlung von Harmonie als berufliches Ziel .... S. 12

ii. Sinn und Weite im Beruf .... S. 13

iii. Verantwortung im Beruf .... S. 14

iv. Aufgefordert zum richtigen Umgang mit Macht .... S. 15

IV. Wesenskern und Wille .... S. 16

i. Leben, um zu genießen .... S. 16

ii. Freie Bahn für Ihre Kreativität .... S. 18

iii. Wollen und Fühlen sind eins .... S. 19

iv. Realitätsnahe Lebensgestaltung .... S. 20

v. Vom Fluss des Lebens getragen .... S. 21

vi. Den eigenen Weg finden .... S. 22

[1] Vgl. Anita Cortesi und V*S.

V. Gefühle und Temperament .... S. 23

i. Sinnlich und genügsam .... S. 23

ii. Das Bedürfnis, sich spontan zum Ausdruck zu bringen ...... S. 24

iii. Ein Hang zu Zurückhaltung und Treue .... S. 25

iv. Mit großem Einfühlungsvermögen .... S. 26

v. Wohlbefinden in sich selber suchen .... S. 27

VI. Kommunikation und Denken .... S. 28

i. Gründliches, realitätsnahes Denken .... S. 28

ii. Interesse an der praktischen Seite des Lebens .... S. 29

iii. Gespräche mit Charme .... S. 30

iv. Gute sprachliche Durchsetzung .... S. 31

v. Segen und Schwierigkeiten einer farbigen Fantasie .... S. 32

VII. Beziehung und Ästhetik .... S. 34

i. Offene Sinne für das Schöne .... S. 34

ii. Partnerschaft soll sich im Alltag bewähren .... S. 35

iii. Ein unbeschwerter Umgang zwischen Mann und Frau .... S. 36

iv. Der Traum vom großen Glück .... S. 37

VIII. Handlung und Durchsetzung .... S. 39

i. Frisch drauflos .... S. 39

ii. Geistige und körperliche Beweglichkeit ist gefragt .... S. 40

iii. Spannungsfeld zwischen Handlungsimpuls und Verantwortungsbewusstsein .... S. 41

iv. Herausgefordert durch Experimentierfreude und Tatendrang S. 43

IX. Die Suche nach Sinn und Wachstum .... S. 44
i. Geistig-intellektuelle Suche nach dem Sinn des Lebens ...... S. 44
ii. Partnerschaft regt zum Wachstum an .... S. 45
iii. Der Wunsch, alles Schwere abzustreifen .... S. 47

X. Die Suche nach Struktur und Ordnung .... S. 48
i. Die Pflicht, ein biegsames Rückgrat zu entwickeln .... S. 48
ii. Die Forderung, perfekt aufzutreten .... S. 49
iii. Zwischen Tradition und Fortschritt .... S. 50
iv. Sicherheit aus dem Dunklen schöpfen .... S. 51

XI. Das Bedürfnis nach Veränderung .... S. 52
i. In einem pionierhaften Zeitgeist geboren .... S. 52
ii. Das private und familiäre Umfeld im Aufbruch .... S. 53
iii. Die Energie eines Vulkans .... S. 54

XII. Die Sehnsucht nach Auflösung und Hingabe .... S. 55
i. Kollektive Idealisierung von Sachlichkeit und Vernunft .... S. 55
ii. Der Wunsch nach totaler Verschmelzung .... S. 56

XIII. Die dunkle Seite .... S. 57
i. Die Macht der Gefühle .... S. 57
ii. Beziehung mit Leidenschaft .... S. 58

XIV. Mondknotenachse – Eine Lebensaufgabe .... S. 59
i. Zwischen Gegensätzen ein Gleichgewicht finden .... S. 59

XV. Chiron – Der verwundete Heiler .... S. 61
i. Das eigene Hab und Gut als heikles Thema .... S. 61
ii. Verletzlich im spontanen und kreativen Ausdruck .... S. 62
iii. Der Weg von Ichbezogenheit zu innerer Gelassenheit .... S. 64
iv. Verletzlich sein ermöglicht Nähe und Herzenswärme .... S. 66
v. Schwächen liebevoll annehmen .... S. 67
vi. Mit dem Dunklen Freundschaft schließen .... S. 68

XVI. Lilith – Die weibliche Kraft der Seele .... S. 69
i. Der Durst nach Freiheit .... S. 69
ii. Das Bedürfnis, sich in die materielle Welt einzugeben .... S. 70
iii. Die Schwierigkeit, Wille und Gefühlstiefe zusammenzubringen .... S. 71
iv. Die Auseinandersetzung mit dem Mutterbild .... S. 72
v. Eine Brücke zwischen Intellekt und Gefühlstiefe .... S. 74
vi. Gefühlstiefe gepaart mit Durchsetzungskraft .... S. 75
vii. Eine leidenschaftliche Suche nach dem Sinn des Lebens ... S. 76
viii. Aufforderung zur wahren Identität .... S. 77

I. Psychologischer Grundtyp

i. Real- und Empfindungstyp

Sie stehen mit beiden Füßen auf dem Boden der Realität, sind praktisch veranlagt und schätzen Sicherheit und gesellschaftliche Stellung. Mit Geld und Verantwortung können Sie gut umgehen. Sie haben eine beachtliche Fähigkeit, zu ordnen und zu strukturieren. Sie ertragen relativ viel Aufregung, bis Sie sich aus der Ruhe bringen lassen, denn Sie nehmen von der Umwelt nur so viel an Eindrücken auf, wie Sie verarbeiten können. Mit Ihrem gesunden Menschenverstand ordnen Sie die Informationen systematisch. So verfügen Sie über eine Art Faktensammlung, nach der Sie jede neue Situation beurteilen. Dabei neigen Sie dazu, Sinn und Bedeutung geringer zu achten als die nackten Tatsachen. Sie werden zwar bestens mit der Wirklichkeit fertig, merken aber kaum, dass dabei das „innere Feuer“ zu ersticken droht. Wenn das Leben Sinn haben soll, müssen Sie neben Sachlichkeit und Realitätssinn auch Vorstellungskraft und Begeisterung zulassen. Die Welt der Fantasie und des Irrationalen ist für ein erfülltes Leben genauso nötig wie die Realitätsbewältigung. Sie haben eine scharfe Beobachtungsgabe und allgemein eine gute Sinneswahrnehmung. Wenn für Sie jedoch nur existiert, was sichtbar, hörbar und greifbar ist, entgehen Ihnen viele Aspekte des Lebens. Zu Ihrem Körper haben Sie einen guten Bezug und können sich auch damit identifizieren. Ihre körperlichen Bedürfnisse bringen Sie mühelos zum Ausdruck. Dies ist eine gute Voraussetzung für Gesundheit. Als praktischer Mensch arbeiten Sie mit Ausdauer und Gründlichkeit. Sie lassen sich nicht von Äußerlichkeiten ablenken und können sich gut in die Details einer konkreten Situation vertiefen. Dabei kann es Ihnen passieren, dass Sie „vor lauter Bäumen den Wald nicht mehr sehen“ und Überblick und Zukunft außer Acht lassen.

ii. Der Denktyp als Lebensaufgabe

Alle Menschen haben Vorstellungskraft, Realitätssinn, Gedanken und Gefühle; Umgang und Vertrautheit damit sind jedoch sehr unterschiedlich. Oft kommt es vor, dass jemand die Eigenschaften eines Typs nicht einfach in die Wiege mitbekommen hat, sondern dass sie ihm fehlen und er gewissermaßen die Aufgabe erhalten hat, sich diese aus eigener Anstrengung anzueignen. Aufgrund Ihres Geburtsbildes dürfte Ihnen der Umgang mit dem Bereich des Denkens und der Kommunikation nicht ganz leicht fallen. Es fehlt Ihnen sozusagen das Werkzeug, um abstrakt zu denken und Situationen zueinander in Bezug zu setzen. Das heißt nicht, dass Sie nicht denken können; man könnte eher sagen, dass Sie neue Gedanken und Ideen mit einer gewissen Schwere aufnehmen und nicht gleich wissen, wie und wo einordnen. Wenn Sie als Kind bei Eltern und Lehrern Unterstützung fanden, haben Sie sich vermutlich schon früh mit Kommunikation in der einen oder anderen Form auseinandergesetzt. Auch für die Berufswahl dürfte das innere Bedürfnis, flexibler zu denken, eine wichtige – unbewusste – Motivation gewesen sein. Indem Sie im Beruf viele Kontakte zu anderen Menschen haben, sich mit Gespräch, Handel, Werbung, Informationsaustausch oder einem wissenschaftlichen Bereich beschäftigen, bringen Sie Ihr Denken in Fluss und erarbeiten sich die Leichtigkeit und Flexibilität, die Ihnen früher einmal fehlte.

iii. Der Fühltyp als Lebensaufgabe

Alle Menschen haben Vorstellungskraft, Realitätssinn, Gedanken und Gefühle; Umgang und Vertrautheit damit sind jedoch sehr unterschiedlich. Oft kommt es vor, dass jemand die Eigenschaften eines Typs einfach in die Wiege mitbekommen hat, sondern dass sie ihm fehlen und er gewissermaßen die Aufgabe erhalten hat, sich diese aus eigener Anstrengung anzueignen. Aufgrund Ihres Geburtsbildes dürfte Ihnen der Umgang mit dem Gefühlsbereich nicht ganz leicht fallen. Es fehlt Ihnen sozusagen das Werkzeug, um Gefühle wahrzunehmen und sie spontan auszudrücken. Das hat nichts mit Gefühllosigkeit zu tun, sondern heißt vielmehr, dass Sie Freude und Trauer weniger mit Lachen und Tränen zum Ausdruck bringen, sondern eher darüber sprechen und beispielsweise sagen: „Diese Sache ist schon schmerzlich." Oder „Dieser Gedanke macht mir Bauchweh." Es fällt Ihnen auch leichter, „fremde" Emotionen nachzufühlen als eigene. So mag Sie das Leid in der Welt oder eine längst vergangene Geschichte viel trauriger stimmen als Dinge, die Sie ganz persönlich betreffen. Um immer wieder mit Gefühlen in Kontakt zu kommen, schaffen Sie sich ein entsprechendes Umfeld, beispielsweise indem Sie mit einem gefühlsbetonten Partner zusammenleben oder einen sozialen oder psychologischen Beruf gewählt haben. Auch eine künstlerische Beschäftigung in Musik oder Theater bringt Sie dem Gefühlsbereich näher. Durch Mitgefühl und Identifikation mit anderen Menschen „üben" Sie sozusagen das Fühlen und kommen damit auch Ihren ganz persönlichen Gefühlen näher.

II. Erscheinungsbild

i. Begeisterungsfähig und überzeugend

Der Aszendent symbolisiert das „Schaufenster“ oder die „Maske“ Ihrer Persönlichkeit, das heißt die Eigenschaften, die Sie primär nach außen zeigen und die ein anderer zuerst an Ihnen wahrnimmt. Er weist auf einen Bereich hin, der Ihnen einerseits vertraut ist, Sie andererseits ein Leben lang zu einer intensiven Persönlichkeitsentwicklung herausfordert. Mit dem Aszendenten wirken Sie lebhaft, spontan und begeisterungsfähig. Im konkreten wie im übertragenen Sinn brauchen Sie viel Bewegung. Möglicherweise identifizieren Sie sich stark mit Ihrem Auftreten; überzeugend zu wirken ist Ihnen wichtig. Zu sehr übertrieben, kann dies ins Missionarische oder Prahlerische ausarten. Das Leben fordert Sie immer wieder auf, Begeisterung, Vorstellungskraft und die Suche nach Höherem und nach Sinn nicht nur als „Maske“ nach außen zu zeigen, sondern zu Ihren inneren Qualitäten werden zu lassen. Indem Sie die Rolle eines idealistischen Menschen spielen, werden Idee, Begeisterung und Freude an innerem und äußerem Wachstum mehr und mehr zu Ihren persönlichen Charaktereigenschaften. Der Aszendent ist auch eine Art „Brille“, mit der Sie die Umwelt in einer speziellen „Färbung“ wahrnehmen. Sie sehen die Welt mit der Vorstellung, dass alles mit allem verwoben ist, Sinn hat und in einem größeren Zusammenhang steht. Diesen Sinn und Zusammenhang suchen Sie in jeder Situation. Sie packen das Leben voll Schwung und Elan. Wenn die Realität nicht Ihren Vorstellungen entspricht, suchen Sie sich relativ schnell etwas Neues, für das Sie „Feuer und Flamme“ sein können, denn Sie brauchen ganz einfach Begeisterung. Sie genießen es, sich selbst und andere von einer Idee anzustecken. Wenn Sie Ihr Verhalten unvoreingenommen beobachten, dürften Sie zahlreiche Beispiele finden, in denen Sie Ideale hochgeschaukelt und zum Selbstzweck verbreitet haben. Optimismus ist zweifelsohne positiv, aber Ihre Anliegen brauchen eine realistische Basis und Mitmenschen, die von sich aus zuhören wollen. Dies zu berücksichtigen und die äußeren Grenzen zu respektieren, dürfte Ihnen eher schwer fallen.

ii. Ein Erscheinungsbild mit Überraschungen

Zu Ihrer spontanen Ausdrucksweise und Ihrem Erscheinungsbild gehört auch ein guter Schuss Individualismus. So wirken Sie eher unkonventionell und lieben es vermutlich auch, Ihre Umwelt immer wieder neu zu überraschen. Persönlicher Spielraum dürfte Ihnen wichtig sein, wobei es Ihnen auch ohne große Anstrengung gelingen mag, sich das Leben entsprechend einzurichten.

III. Gesellschaftliche und berufliche Zielvorstellungen

i. Die Vermittlung von Harmonie als berufliches Ziel

Der MC symbolisiert diejenigen Qualitäten, die Sie aufgrund Ihrer Erziehung und den Vorbildern Ihrer Kindheit für erstrebenswert halten und die Sie im Berufsleben und an der Öffentlichkeit zeigen wollen. Da Sie davon ausgehen, dass Ihre Umwelt und die Gesellschaft diese Eigenschaften von Ihnen erwarten, bemühen Sie sich, diese zu entwickeln und im Beruf und in der Außenwelt zum Ausdruck zu bringen. Sie zeigen sich an der Öffentlichkeit von einer freundlichen, taktvollen Seite und sind bestrebt, das Verbindende hervorzuheben und Brücken zu schaffen. Auch Ihr Berufsleben ist von diesen Qualitäten gefärbt. Ihre Zielvorstellungen sind von Schönheit und Harmonie geprägt. Ihr Motto könnte sein „Leben und leben lassen“. Es ist Ihnen ein Anliegen, Beziehungen herzustellen und auszugleichen. Zivilstandsbeamter oder Richter wären typische Beispiele dafür. Sie möchten verbinden und vermitteln. Ihnen liegt es weniger, sich in der Öffentlichkeit durchzusetzen, und Sie passen sich deshalb an die Gegebenheiten der Gesellschaft an. In einer unharmonischen Umgebung fühlen Sie sich leicht fehl am Platz. Sie dürften es jedoch sehr schätzen, mit einem Partner oder mehreren Menschen zusammenzuarbeiten. Sie sind bestrebt, zwischen unterschiedlichen Meinungen zu vermitteln und eine Art „Brückenbauerfunktion“ zu übernehmen. Harmonie und Schönheit dürften Sie auch auf der konkreten Ebene im Beruf begleiten. Bereiche, die Ihnen zusagen könnten, sind beispielsweise Mode, Kunst oder jede Art von Vermittlung.

ii. Sinn und Weite im Beruf

In vielem, was Sie beruflich, öffentlich oder in einer verantwortungsvollen Stellung tun, schimmert ein begeisterter Funke mit. Der Beruf dürfte für Sie unter anderem eine Möglichkeit bieten, neue Erfahrungen zu machen und den eigenen Horizont mehr und mehr zu erweitern. Ihre grundsätzlich optimistische Haltung öffnet Ihnen manche Türe. Erfolg und Anerkennung stärken Ihre Überzeugungskraft und lassen Ihre berufliche Tätigkeit sinnvoll werden.

iii. Verantwortung im Beruf

Verantwortung zu übernehmen, ist Ihnen ein tiefes Bedürfnis. Vor allem in Bereichen, zu denen Sie eine Art Berufung verspüren, vermutlich auch im tatsächlichen Beruf, möchten Sie als pflichtbewusste Persönlichkeit anerkannt und respektiert werden. Dabei dürften Sie oftmals an Grenzen stoßen, beispielsweise indem sich äußere Hindernisse in den Weg stellen oder Ihnen die eigene Zielstrebigkeit zum Verhängnis wird. Doch haben Sie auch die Ausdauer, immer wieder neu an Ihrer Persönlichkeit zu arbeiten, so dass Sie trotz oder gerade wegen all der Hemmnisse zu einer Autorität in Beruf und Gesellschaft werden können.

iv. Aufgefordert zum richtigen Umgang mit Macht

Macht in Beruf, Gesellschaft und Öffentlichkeit ist ein Thema, das Sie kaum unberührt lässt. Es mag Ihnen schwer fallen, die berufliche Stellung zu erreichen, die Sie eigentlich anstreben. Oder Sie halten zwar wichtige Fäden in der Hand, haben jedoch Mühe, diese zum Wohle aller zu gebrauchen. Wie das alte Sprichwort „Es ist noch kein Meister vom Himmel gefallen" besagt, braucht es einige Anstrengung Ihrerseits, um mit Macht auch richtig umzugehen. Ganz ohne Fehlschläge wird es kaum gehen. Im Gegenteil werden Sie mehr Erfolg haben, wenn Sie die eigenen Schwächen akzeptieren und das Erreichte als ein Darlehen des Schicksals und nicht so sehr als eigenes Verdienst und Besitz betrachten.

IV. Wesenskern und Wille

i. Leben, um zu genießen

In Ihrem tiefsten Wesenskern sind Sie ein besonnener und gemütvoller Mensch. Sie sind fest in der materiellen Welt verwurzelt, was unter anderem eine tiefe Verbundenheit mit der Natur bedeuten kann. Sie fühlen sich sozusagen als Teil der materiellen Welt und der Natur. Mit Ihrem Körper und Ihren Sinnen sind Sie vertraut und wissen diese zu gebrauchen. Sie verstehen es, Ihren Besitz mit viel Sorgfalt zu verwalten, zu hegen und zu pflegen. Sie mögen schöne Dinge und wollen diese auch gerne besitzen. In Ihrem Leben möchten Sie einen Platz einnehmen und sich im konkreten und übertragenen Sinn häuslich niederlassen. Sie brauchen eine stabile Lebenssituation und Sicherheit. Allzu viele Veränderungen bekommen Ihnen schlecht. Grundsätzlich eher konservativ eingestellt, sind Sie Neuem gegenüber zurückhaltend. Vermutlich kostet es Sie ziemliche Überwindung, etwas Vertrautes und Liebgewonnenes loszulassen. Abschied nehmen dürfte Ihnen kaum leicht fallen. Ihr Wille ist ausdauernd und hartnäckig. Was Sie sich in den Kopf gesetzt haben, das tun Sie auch. Wenn Sie jemand davon abhalten will, können Sie ziemlich stur oder zornig werden. Ihren Willen könnte man mit einer Lawine vergleichen. Da ist eine gewisse Trägheit und Bequemlichkeit; lange geschieht nichts. Wenn die Sache aber ins Rollen kommt, entwickelt sich eine Eigendynamik, und Sie sind kaum mehr aufzuhalten. Im Grunde Ihres Wesens haben Sie die Fähigkeit, ein zufriedener Mensch zu sein. Sie nehmen und genießen, was das Leben bietet, und quälen sich nicht allzu sehr mit Vorstellungen, was es außerhalb Ihres „Zaunes" auch noch gäbe. Sie haben gesunden Menschenverstand und akzeptieren das Leben, wie es ist. Mit offenen

Augen und Ohren gehen Sie Ihren Weg, bedächtig und unbeirrt, Schritt für Schritt.

ii. Freie Bahn für Ihre Kreativität

Die oben beschriebenen Qualitäten wollen kreativ zum Ausdruck gebracht werden. So stehen Sie gleichsam auf der Bühne des Lebens, um Ihr „Stück“ zu präsentieren. Ein inneres Bedürfnis oder äußere Situationen und Mitmenschen scheinen Sie immer wieder aufzufordern, aktiv mit Ihren Fähigkeiten umzugehen, etwas anzupacken und etwas zu bewirken. Auch brauchen Sie Publikum, dem Sie in irgendeiner Form ein Leitbild sein möchten. Sie wollen Beachtung. Die Herausforderung besteht jedoch darin, dass Sie Ihren Zuschauern etwas bieten können, das heißt, dass Sie nicht nur Aufmerksamkeit verlangen, sondern aufgrund eigener Fähigkeiten eine Mittelpunktstellung erreichen. Sie haben Anlagen zu einer verspielten Natur und Sie brauchen zumindest vereinzelt Bereiche, wo Ihre spielerische und risikofreudige Seite zum Zuge kommt. Dies können Liebschaften, Theater, ein Umgang mit Kindern und Jugendlichen oder Abenteuer sein. So richtig Sie selbst sind Sie erst, wenn Sie Ihrer Kreativität freien Lauf lassen können.

iii. Wollen und Fühlen sind eins

Wollen und fühlen bilden eine Einheit. Wenn Sie etwas wollen, stehen Sie auch gefühlsmäßig ganz dahinter. Dies verleiht Ihnen viel Spontaneität, Wärme und Natürlichkeit. Andererseits fällt es Ihnen nicht ganz leicht, Ihren Willen gezielt einzusetzen, denn das Lustprinzip schwingt mit. So bleiben Sie stets menschlich. Disziplinierte Willensschulung, Hartnäckigkeit und Ausdauer überlassen Sie lieber den anderen. In Ihrem Leben haben auch emotionale und kindliche Bedürfnisse Platz; man könnte sagen, dass Sie wie eine gute Mutter für Ihr eigenes Wohlbefinden sorgen können. Es ist anzunehmen, dass Sie Ihren Willen manchmal dazu missbrauchen, eine Laune durchzusetzen. Möglicherweise sind Sie kurze Zeit später selbst erstaunt oder verwirrt über Ihre Motivation. Vielleicht haben Sie Ihre Eltern als geschlossene Einheit erlebt, oder entweder der Vater oder die Mutter hat die Rolle beider Elternteile übernommen. Ein Beispiel dazu wäre ein häufig abwesender Vater und eine Mutter, die Ihnen Vater und Mutter zugleich sein musste. Aus dieser Erfahrung erleben Sie das männliche Willensprinzip und das weibliche emotionale Prinzip als zusammen gehörend. Es dürfte Ihnen deshalb wichtig sein, sowohl Ihren Willen als auch Ihre Gefühle einbringen zu können. Beide Teile wollen gleichermaßen Platz in Ihrem Leben.

iv. Realitätsnahe Lebensgestaltung

Sie sehen im Leben einen gewissen Ernst und sind bemüht, die Verantwortung dafür zu übernehmen. Struktur und Disziplin sind für Sie Mittel, um langfristige Ziele zu erreichen. Sie leben kaum unbeschwert in den Tag hinein, sondern haben Pläne, wie Sie Ihr Leben gestalten wollen. Ihre Bereitschaft, sich dafür einzusetzen und, wenn nötig, hart zu arbeiten, kann Ihnen im Beruf zur Verwirklichung Ihrer Ziele verhelfen und Sie zu einer Autorität werden lassen. Wenn Problemen auftauchen, so bieten Sie diesen mit großer Selbstverständlichkeit die Stirn. Geleistete Arbeit bringt Ihnen viel Befriedigung. Ihre gründliche und zielgerichtete Art, das Leben anzupacken, lässt Sie zuverlässig und selbstsicher erscheinen. Andere vertrauen Ihnen und übergeben Ihnen Verantwortung, die Sie auch gerne übernehmen. Dabei schlagen Sie einen eher konventionellen und auf Sicherheit bedachten Weg ein.

v. Vom Fluss des Lebens getragen

Ein Teil Ihrer Persönlichkeit möchte alle Grenzen auflösen und sich einem größeren Ganzen hingeben. Er macht Sie offen, beeinflussbar und hingebungsvoll, schwächt jedoch auch Ihren persönlichen Willen und Ihre Fähigkeit zur Selbstbehauptung. Sie sind offen und sensibel für Ihre Umwelt. Ihr Lebensweg und Ihr Wille werden beeinflusst von Mitmenschen und der äußeren Situation ganz allgemein. Wahrscheinlich müssen Sie sich zurückziehen, um in Ruhe und Einsamkeit herauszufinden, was Sie wollen. Wenn Sie dies zu wenig tun, kann die Umwelt Sie sehr leicht hierhin und dorthin schwemmen. Es ist also wichtig, dass Sie immer wieder für sich allein eine Art Standortbestimmung vornehmen, sich klare Ziele stecken und diese dann auch verwirklichen. Konkret kann sich Ihre Offenheit und Sensibilität in einer enormen Hilfsbereitschaft äußern. Sie tun vieles Ihren Mitmenschen zuliebe und kommen dabei vielleicht selber zu kurz. Das Ich-auflösende Prinzip kann auch durch Musik, Meditation, Religion, eine starke Beziehung zu Wasser, zu Chaos, Sucht oder Süchtigen erlebt werden. Grundsätzlich geht es darum, das Ich-Bewusstsein von einem größeren Ganzen durchdringen und dabei nicht hinwegschwemmen zu lassen, das eigene Schiff Wind und Wellen auszusetzen und doch das Steuer in der Hand zu behalten. Dies zu lernen ist ein lebenslanger Prozess.

vi. Den eigenen Weg finden

Die oberen Abschnitte dürften Sie befremden. Dies sind zwar Teile Ihres Wesens, sie sind Ihnen jedoch nicht einfach in die Wiege gelegt worden. Sie gehören eher zu Ihrem Lebensplan und Ihrer Lebensaufgabe. Die Fähigkeit, sich selbst optimal zum Ausdruck zu bringen, steht Ihnen nicht einfach zur Verfügung, sondern muss in einem lebenslangen Prozess entwickelt werden. Konkret könnte dies bedeuten, dass Sie Mühe haben, zu wissen, was Sie im Leben wollen, beispielsweise sich leicht treiben und von anderen beeinflussen lassen und zwar meinen, einen eigenen Weg zu gehen, jedoch immer wieder feststellen, dass es doch nicht der richtige ist. Wahrscheinlich fällt es Ihnen schwer, Ihren inneren Kern zu spüren und von übernommenen Leitbildern und Vorstellungen zu unterscheiden. Man könnte Ihre Situation mit einem Schiff vergleichen, das ohne Kapitän durch die Meere segelt. Dabei lernt die Besatzung nach und nach, sich zu orientieren, sich Ziele zu setzen, einen eigenen Weg vorzugeben und ein Konzept auszuarbeiten.

V. Gefühle und Temperament

i. Sinnlich und genügsam

Sie sind ein Gemütsmensch. „Leben und leben lassen!" lautet Ihre Devise. Sie mögen es, in einer vertrauten Umgebung Rhe, Entspannung, ein gutes Essen und ein Glas Wein zu genießen. Sicherheit und Beständigkeit schätzen Sie vermutlich sehr. Sie brauchen eine Art „eigenes Revier", einen ruhigen Ort, der Ihnen gehört, in den Sie sich zurückziehen und das Leben genießen können. Wenn Sie dies haben, sind Sie zufrieden mit sich und der Welt. Sie reagieren eher langsam und besonnen und sind Neuem gegenüber zurückhaltend. Auch sind Sie zuverlässig und ausdauernd. Ihre Geduld kennt kaum Grenzen. Die andere Seite dieser Eigenschaften ist Trägheit und Bequemlichkeit: und auch dies dürfte bei Ihnen zu finden sein. Sie halten es sehr lange – vielleicht manchmal zu lange – in unbefriedigenden Situationen aus. Irgendwann läuft jedoch auch Ihnen die Galle über, und dann können Sie sehr unangenehm werden. Sie haben etwas von einem gutmütigen Bär, den man lange kraulen und stupfen kann. Wird es ihm jedoch zu bunt, verschafft er sich mit einem einzigen Tatzenschlag Respekt. Sie stehen mit beiden Füßen im Leben und in der Realität. Zur materiellen Welt und zu Ihrem Körper haben Sie einen starken Bezug. Sie schätzen und brauchen Körperkontakt und können vielleicht nicht genug davon bekommen. Sinnlichkeit und Erotik sind Ihnen wichtig. Sie haben eine gute Beobachtungsgabe und sammeln die Eindrücke einer nach dem anderen, ohne sich überfordern oder überschwemmen zu lassen.

ii. Das Bedürfnis, sich spontan zum Ausdruck zu bringen

Sie fühlen sich in einer Umgebung wohl, in der Sie Ihren Gefühlen spontan Ausdruck geben können. Dazu gehört auch der Wunsch nach Spiel und Spaß. Vermutlich mögen Sie Geselligkeiten, sportliche Wettkampfspiele, Theaterbesuche und andere Vergnügungen. Der Umgang mit Kindern und Jugendlichen könnte Ihr Leben wesentlich bereichern. Einem Risiko, einer Spekulation oder einem Liebesabenteuer sind Sie kaum abgeneigt. Sie brauchen den Kontakt mit Menschen. In Gesellschaft anderer möchten Sie sich mit großer Selbstverständlichkeit und natürlicher Anmut bewegen. Anerkennung ist Ihnen wichtig. Indem Sie sich spontan zum Ausdruck bringen, finden Sie Entspannung und Behaglichkeit. Sie brauchen die spielerische Seite des Lebens mit all ihren kreativen Ausdrucksmöglichkeiten, um daraus Trost und Kraft zu schöpfen. Dies bringt Sie Ihren Gefühlen näher und bietet Ihnen so eine Quelle der Lebensfreude.

iii. Ein Hang zu Zurückhaltung und Treue

Sie wirken vernünftig und sachlich. Es könnte sein, dass Sie schon früh gelernt haben, sich diszipliniert zu zeigen. Vielleicht sind Sie stark mit der Vergangenheit verbunden und haben manchmal Mühe, etwas Neues anzunehmen. In Ihrem Verhalten richten Sie sich nach gängigen Regeln und Normen. Unvorhersehbare und unkonventionelle Reaktionen sind von Ihnen kaum zu erwarten. In Ihren emotionalen Äußerungen sind Sie eher zurückhaltend und zeichnen sich durch außergewöhnliche Stabilität und Treue aus. Man kann sich auf Sie verlassen; Sie werden ein einmal gegebenes Versprechen in der Regel halten. Sie legen Wert auf ehrliche und aufrichtige Beziehungen und bevorzugen einen kleinen, stabilen Freundeskreis. Allzu viele Menschen liegen Ihnen nicht. Von anderen erwarten Sie, dass sie ebenso ordentlich und vernünftig sind wie Sie selbst. Sie können vor allem Kindern viel von Ihrer Disziplin in einer positiven Form weitergeben.

iv. Mit großem Einfühlungsvermögen

Sie sind sensibel, mitfühlend und verständnisvoll und spüren es, wenn jemand leidet. Für andere haben Sie ein offenes Herz und Ort, und Sie können mit viel Feingefühl auf die Mitmenschen eingehen. Wenn Sie mit jemandem zusammen sind, der zum Beispiel traurig ist, übernehmen Sie seine Traurigkeit. So werden Sie von den Gefühlen anderer überschwemmt, und es wird schwierig für Sie, Ihre eigenen Bedürfnisse zu spüren. Es ist deshalb wichtig, dass Sie innere Stärke entwickeln und lernen, sich – zumindest zeitweise – abzugrenzen. Ohne sich selbst dabei zu verlieren, können Sie Ihre Sensibilität und emotionale Offenheit gezielt einsetzen und eine große Fähigkeit entwickeln, zu spüren, wenn andere in Not sind und Hilfe brauchen. Sie haben ein großes Potential an Hingabefähigkeit und können mit anderen Menschen oder der Natur ein Gefühl völliger Verbundenheit erleben. Auch über eine reiche Fantasie und einen starken Bezug zum Unbewussten dürften Sie verfügen. Sie sind kaum ein Praktiker und scheuen es manchmal, die Realität, so wie diese nun einmal ist, anzugehen. In der Fantasie und Traumwelt sind Sie mehr zuhause. Musik könnte Ihnen viel bedeuten, da sie die Sehnsucht nach Einheit und Geborgenheit zumindest zeitweise zu stillen vermag. Möglicherweise finden Sie sich in dieser Beschreibung nicht, denn unsere westliche Gesellschaft ordnet Eigenschaften wie Sensibilität und Weichheit mehr dem weiblichen Geschlecht zu. Es ist also denkbar, dass Sie eine ausgesprochen feinfühlige und zu großer Hingabe fähige Partnerin gewählt haben, um durch sie immer wieder in Kontakt mit diesen Qualitäten zu kommen und – vielleicht – doch noch selbst Ausdrucksformen dafür zu entwickeln.

v. Wohlbefinden in sich selber suchen

Befremden Sie die zwei vorhergehenden Abschnitte? Diese emotionalen Themen sind nicht angeborene Fähigkeiten, sondern eine Lebensaufgabe. Wenn Sie sich mit Ihrem Gefühlsbereich auseinandersetzen, ist dies zwar nicht einfach, vermittelt Ihnen jedoch große innere Befriedigung. Vermutlich waren für Sie Gefühle lange Zeit etwas Unbekanntes und schwer Fassbares oder sind es vielleicht heute noch. Sie suchen möglicherweise nach Menschen, die Ihnen Geborgenheit vermitteln, und können sich nur schwer dazu entschließen, selber für das eigene Wohlbefinden zu sorgen. Die Außenwelt wird Sie immer wieder enttäuschen und im Stich lassen, denn es ist Ihre Aufgabe, sich selber „eine gute Mutter" zu sein, Fürsorglichkeit für sich selber zu entwickeln und Geborgenheit in sich selber zu finden. Sie können dies mit kleinen Dingen ausprobieren, z.B. mit flauschigen Pullis, schöner Bettwäsche, Schaffellen, einem warmen Tee, Musik und anderen „Streicheleinheiten". Dabei erleben Sie viel Befriedigung. Mit der Zeit „tauen" Sie geradezu auf und wagen es immer mehr, Ihre Gefühle wie Freude und Trauer auch anderen gegenüber zu äußern. Sie entdecken so etwas wie Herzenswärme; das Leben wird lebenswerter und farbiger.

VI. Kommunikation und Denken

i. Gründliches, realitätsnahes Denken

Sie sind ein gründlicher, sachlicher Denker. Neuen Ideen begegnen Sie grundsätzlich mit Zurückhaltung. Sie brauchen Zeit, um sie durchzudenken und – vorausgesetzt, diese erweisen sich als realistisch genug – zu assimilieren. Man wird Sie nicht ohne weiteres überreden können. Ihre Interessen und Ideen haben etwas Bodenständig-Realistisches und sind klar definiert. Sie beschränken sich lieber auf wenig, dies dafür gründlich. Möglicherweise schätzen Sie den direkten Kontakt mit Materie und haben handwerkliches Geschick. Sie lernen Neues langsam und gründlich. Auch hier gilt der Grundsatz: weniger ist mehr. Der Wissensstoff wird gleichsam einverleibt und steht Ihnen von nun an zuverlässig zur Verfügung. Im Gespräch brauchen Sie Zeit, um den Gedanken anderer zu folgen und Ihre Antworten zu formulieren. Ob Sie lesen, lernen, ein Gespräch führen oder nachdenken, Sie tun dies gerne in einer ruhigen, harmonischen Atmosphäre. Sie haben die Fähigkeit, Denken, Sprache, Austausch, Handel oder handwerkliche Arbeit genießen zu können.

ii. Interesse an der praktischen Seite des Lebens

Sie widmen Ihre Gedanken vorwiegend praktischen Lebensbereichen. Im Alltag und am Arbeitsplatz möchten Sie Ihr Wissen einsetzen. Wahrscheinlich suchen Sie eine Tätigkeit, in der Denken und Kommunikation wichtig sind. So könnte Ihr Alltag von Handel, Buchhaltung, Medienarbeit oder einer anderen Art von Informationsvermittlung geprägt sein. Ihre Interessen sind vor allem auf die praktische und pragmatische Seite des Lebens gerichtet, auf Arbeit, Alltag und Ernährung. Sie neigen dazu, vor lauter Beschäftigung Freizeit und Ferien zu vergessen. Vielleicht lenken Sie Ihre Wahrnehmung ab und zu auf den Körper. Wenn Ihr Leben dem einer emsigen Biene gleicht und Sie sich vor lauter Denken und Arbeiten kaum Zeit nehmen, auch Ihre körperlichen Bedürfnisse zu befriedigen, so kann es sein, dass Sie krank werden und der Körper sich die Ruhe holt, die Sie ihm nicht gönnen.

iii. Gespräche mit Charme

Diese Konstellation vermittelt Ihnen viel von einem sogenannten „Kulturmenschen". Sie haben Charme und Taktgefühl. Und Sie brauchen Kontakte zu Ihren Mitmenschen. Vermutlich schließen Sie leicht neue Bekanntschaften, denn Sie gehen direkt auf andere Menschen zu und sprechen diese an. Sie vermitteln den Eindruck eines liebenswürdigen und charmanten Menschen. Sprache ist für Sie eng verbunden mit Ästhetik; fluchen liegt Ihnen nicht. Sie sagen gerne, was den anderen gefällt. Dadurch machen Sie sich aber nicht nur beliebt, sondern Sie kommen auch an die Grenzen von Heuchelei und Anpassung. Auch kann Ihr Bedürfnis nach Harmonie Sie dazu verleiten, sich nur mit den schönen Dingen des Lebens zu beschäftigen, was Sie ziemlich oberflächlich machen kann. Bevor Sie eine engere Beziehung eingehen, überlegen Sie sich dies genau. An eine Partnerschaft stellen Sie die Anforderung, dass diese vernünftig sein soll. Sie brauchen das Gespräch zu zweit. Kommunikation, Denken und Wissen nehmen in Ihren Beziehungen entsprechend viel Raum ein.

iv. Gute sprachliche Durchsetzung

Sie können gut argumentieren und sich sprachlich durchsetzen. In einem Gespräch nehmen Sie leicht die Gegenposition ein und decken die Unterschiede auf. So sind Diskussionen mit Ihnen meist lebhaft und können auch einmal in Streit ausarten. Bevor Sie etwas tun, denken Sie darüber nach und entwickeln Schlachtpläne. Ihr innerer Dialog ist sehr aktiv; es denkt in Ihnen fast ohne Unterbruch. Im Bereich der Sprache haben Sie gute Fähigkeiten, die in Berufen wie beispielsweise Reporter, Anwalt, Gesprächsleiter oder Verkäufer sehr gefragt sind. Doch auch auf der konkreten Ebene sind Sie beweglich, haben viele Kontakte und sind vermutlich oft unterwegs und auf Reisen.

v. Segen und Schwierigkeiten einer farbigen Fantasie

Sie haben viel Fantasie und könnten ein guter Geschichtenerzähler sein. Das Denken in Bildern liegt Ihnen mehr als strenge Logik. Vielleicht haben Sie manchmal Mühe, Ihre Gedanken klar zu formulieren, und fühlen sich unverstanden. Es ist nicht so einfach, Bilder in lineare Sprache zu übersetzen. Mit dem Erlernen des Sprechens als kleines Kind dürften Sie immer wieder die Erfahrung gemacht haben, dass die Erwachsenen eine klare, strukturierte Sprache wünschten. Sie gaben sich vermutlich die größte Mühe, um sich vernünftig und logisch auszudrücken, und haben möglicherweise viel von Ihrer Fantasie, dem Bildhaften und Traumhaften, weggesteckt. Doch in diesen inneren Bildern steckt ein enormes Potential, das Ihr Denken um vieles tiefer und reicher werden lässt, wenn Sie geeignete Ausdrucksformen dafür finden. Man kann nicht sagen, dass Sie grundsätzlich unvernünftig sind, aber vielleicht lassen Sie sich manchmal Sand in die Augen streuen und zu etwas überreden, das Sie eigentlich gar nicht wollen. Weil Ihnen die Welt der Bilder und Fantasie so nahe steht, ist es manchmal schwierig, Realität und Illusion zu unterscheiden und sich an nackte Tatsachen zu halten. Gerade dies ist jedoch für Sie sehr wichtig. Sie möchten gerne an Wunder glauben und werden dadurch anfällig für Täuschungen. Vielleicht denken Sie manchmal, die ganze Welt habe es darauf abgesehen, Sie zu betrügen. Doch hängt dies weitgehend damit zusammen, dass Sie die Wirklichkeit idealisieren, viel zu viel erwarten und dann enttäuscht sind, wenn Sie durch eine harte Erfahrung auf den Boden geholt werden. Jede Illusion, die wie eine Seifenblase platzt, ist ein – vielleicht schmerzhafter – Hinweis, dass Sie Ihre Fantasie in ungeeigneten Kanälen ausleben und zu sehr mit der Realität vermischen. Ein paar Beispiele, wo Fantasie und innere Bilderwelt ungehemmt zum Ausdruck kommen können, sind Märchen, Mythologie, Film, Fotografie und Werbung. Sie haben das Potential, zu spüren, was in anderen vorgeht, und Stimmungen aufzunehmen. Auch können Sie sich gut in andere hineindenken. Um nicht äußerst beeinflussbar zu sein, ist ein stabiler Halt in sich selbst notwendig. Es kann für Sie wichtig sein, Entscheidungen allein im stillen Kämmerlein zu fällen und beispielsweise keine Verträge in Anwesenheit anderer zu unterschreiben, da Sie sich nur schwer vom Einfluss anderer Menschen abgrenzen können. Natürlich hat diese Eigenheit auch eine positive Seite: Wenn Sie die Stimmung des anderen bewusst wahrnehmen können und nicht einfach unbewusst davon überschwemmt werden, kann Ihnen kaum jemand etwas vormachen. Wie mit einem sechsten Sinn spüren Sie, wo etwas nicht stimmt oder wie Sie etwas weitergeben können, so dass der andere Sie versteht.

VII. Beziehung und Ästhetik

i. Offene Sinne für das Schöne

In einer Beziehung möchte Sie Sicherheit und Frieden erleben. Sie stürzen sich nicht einfach in eine neue Partnerschaft, sondern Sie sind zurückhaltend und warten erst einmal ab. Besonnenheit, Realitätsbezug und ein gewisser traditioneller Rahmen sind Ihnen wichtiger als ein kurzlebiges Abenteuer. Sie haben eine ausgesprochene Fähigkeit, Gemeinsamkeit zu genießen. Auch verfügen Sie über eine warme und natürliche persönliche Ausstrahlung und eine unkomplizierte Beziehung zu Ihrem Körper, zu Erotik und Sinnlichkeit. Veränderungen in Beziehungen sind Sie eher abgeneigt. Sie haben die Tendenz, der materiellen Sicherheit oder Bequemlichkeit zuliebe in einer unbefriedigenden Partnerschaft zu verharren. Schöne Dinge sprechen Sie an; und Sie möchten vermutlich auch besitzen, was Ihnen gefällt. Idealerweise umgeben Sie sich mit den Dingen, Möbeln, Kleidern, die Ihrem Geschmack entsprechen, und beziehen daraus einen sinnlichen Genuss. Auch an den Schönheiten der Natur mag sich Ihr Auge weiden. Eine tiefe Naturverbundenheit kann durch das sinnliche Erleben viel zu Ihrem inneren Gleichgewicht beitragen.

ii. Partnerschaft soll sich im Alltag bewähren

Sie wollen und brauchen eine Beziehung, die alltägliche Dinge des Lebens nicht ausschließt. Der gemeinsame Alltag ist Ihnen wichtig. Sie wünschen sich keinen Partner, den Sie nur am Wochenende im Sonntagsanzug sehen, sondern jemanden, der die kleinen Freuden und Leiden des Alltags mit Ihnen teilt. Bewusst oder unbewusst gehen Sie davon aus, dass gemeinsame Arbeit mehr verbindet als gemeinsames Vergnügen. Vielleicht fällt Ihnen der alltägliche Aspekt einer Partnerschaft nicht leicht, doch entspricht es Ihrem Naturell, Beziehungen und grundsätzlich alles Genussvolle und ästhetisch Ansprechende einer Bewährungsprobe im Alltag zu unterziehen. Sie brauchen eine harmonische Arbeitsatmosphäre. Beziehungen, Harmonie und Ästhetik sind notwendige Voraussetzungen für Ihren Arbeitsplatz. Egal ob Vorgesetzte, Untergebene oder Kollegen, Sie versuchen, sich allen gegenüber gleichermaßen liebenswürdig und taktvoll zu geben. Körperpflege ist Ihnen ebenso wichtig wie Ihre Gesundheit. Sie werden Ihren Körper kaum durch Diät und hartes Training fit halten wollen, sondern eher auf eine liebevolle Art für ihn sorgen, zum Beispiel sich eine Massage gönnen oder eine Ruhepause im Liegestuhl genießen. Mit großer Wahrscheinlichkeit verkörpert der Typ Frau, der Sie fasziniert, viel von diesen Eigenschaften. So gefallen Ihnen vermutlich praktische, sachliche und vernünftige Frauen, mit denen der Alltag gemeistert oder eine gemeinsame Arbeit geleistet werden kann. Eine Liebesbeziehung, die gleichzeitig auch eine Arbeitsgemeinschaft ermöglicht, dürfte Sie in besonderem Maße ansprechen.

iii. Ein unbeschwerter Umgang zwischen Mann und Frau

Sie haben eine Fähigkeit mit in die Wiege bekommen, einen geschickten Mittelweg zwischen Aktiv und Passiv, zwischen Durchsetzung und Einlenken zu finden. Sie spüren, wann Sie Ihre Energie und Tatkraft einsetzen und wann Sie nachgeben und sich zurücklehnen sollen. So lassen Sie sich kaum in Stress bringen, sondern wechseln in Ihrem eigenen Rhythmus zwischen Arbeit und Ruhe. Wenn nötig können Sie sich gut anpassen, ohne dabei Ihre Eigenart zu verlieren. Ihre Beziehungen sind vermutlich intensiv und bringen Abwechslung in Ihr Leben. Der Umgang mit dem anderen Geschlecht ist unbeschwert und natürlich. Mit Ihrer starken erotischen Ausstrahlung wirken Sie wie ein Magnet auf andere, und auch Sie fühlen sich von sinnlichen Menschen beiden Geschlechts angezogen. Ihrem Charme können die Frauen kaum widerstehen. Sie verstehen es, Ihre Partnerin auf sehr feine Art zu verführen, und haben vermutlich viel Spaß daran. Zu Sexualität haben Sie eine lebensnahe und unverkrampfte Einstellung. Eine Beziehung ohne Sexualität ist für Sie fast unvorstellbar, ebenso Sexualität ohne Beziehung.

iv. Der Traum vom großen Glück

Sie haben ein starkes Bedürfnis nach Nähe und Hingabe. In einer Liebesbeziehung möchten Sie möglichst jede Grenze zwischen sich und Ihrem Partner auflösen und zu einer Einheit verschmelzen. Es kann sein, dass Sie Ihren Partner idealisieren und ihn nicht so sehen, wie er wirklich ist. Sie vergessen leicht, dass der Partner ein eigenständiger Mensch ist und sich bei zu viel Nähe vielleicht eingeengt fühlt. Ihr Bedürfnis nach Harmonie und Verschmelzung ist so stark, dass es für den anderen manchmal fast zu viel wird. Gleichzeitig schlummert in Ihnen eine Überzeugung, dass es kein totales Glück auf dieser Welt gibt oder dass Sie kein Anrecht darauf haben. Vielleicht mussten Sie als Kind oft erleben, dass Ihnen das Liebste vorenthalten wurde, beispielsweise ein Lieblingsspielzeug, ein Tier oder die Zuneigung der Mutter. Kleine, äußerlich belanglose Alltagsbegebenheiten haben in Ihnen die Einstellung gefestigt, dass alles, was Sie zum eigenen Glück haben möchten, Ihnen wie Wasser in den Fingern zerrinnt. Diese Grundhaltung mag Sie bis zum heutigen Tag begleiten und Ihnen ein Leben zu zweit erschweren. Wenn Sie sich jemandem in bedingungsloser Liebe hingeben möchten, weckt dies in Ihnen gleichzeitig die Erwartung, wieder allein gelassen zu werden. Wenn Sie trotzdem nicht aufgeben und sich nicht als Opfer äußerer Umstände betrachten, so wächst mit den Jahren ein tiefes Vertrauen ins Leben. Je besser Sie lernen, Ihre Ideale, Fantasien und Ängste von der Realität zu unterscheiden, desto mehr wird es möglich, die schönen Seiten dieser Sehnsucht nach Verbundenheit zu erleben. Mit den Jahren wird es Ihnen immer besser gelingen, sich auch von einem geliebten Du klar abzugrenzen und die Menschen so zu nehmen, wie sie tatsächlich sind. So wird auch ein Leben zu zweit im Alltag besser möglich. Sie lernen, Ihrer enormen

Hingabefähigkeit und Fantasie Ausdruck zu verleihen, ohne eine Enttäuschung befürchten zu müssen. Sie haben eine romantische und verträumte Ader. Die Schönheit von Natur, Musik oder Kunst kann Sie geradezu „berauschen"; und Sie haben die Fähigkeit, sich diesem Genuss voll hinzugeben.

VIII. Handlung und Durchsetzung

i. Frisch drauflos

Sie wollen sich spontan durchsetzen. Ihre Art zu handeln hat etwas Impulsives; mit viel Initiative bringen Sie ein Projekt in Gang. Kaum stecken Sie jedoch mitten in der Arbeit und Ausdauer und Durchhaltekraft werden von Ihnen gefordert, so fällt Ihr Energiepegel, und Sie würden sich am liebsten etwas Neuem zuwenden. Sie zeigen Mut, Initiative und Pioniergeist, wenn es um neue Arbeitsmethoden oder um die Entwicklung von etwas Neuem geht. Routinearbeiten mögen Sie weniger. Probleme und Menschen, die sich Ihnen entgegenstellen, konfrontieren Sie gleichermaßen direkt. Sie verstehen es, sich durchzusetzen. Ihre etwas ungestüme Durchschlagskraft dürfte Sie auch dazu verleiten, die Ellenbogen vorschnell dort einzusetzen, wo eigentlich mehr Rücksicht und Geduld geboten wäre. Sie können ziemlich aggressiv sein und offene Konfrontation herausfordern. Wut und Ärger sind jedoch auch schnell wieder verraucht, und Sie tragen dem anderen kaum etwas nach. Sie brauchen viel Abwechslung und Bewegung. Als Kanal für Ihre manchmal überbordende Energie eignen sich sportliche Aktivitäten oder körperliche Arbeit.

ii. Geistige und körperliche Beweglichkeit ist gefragt

Sie verfügen über viel Energie, die Sie verbal zum Ausdruck bringen möchten. Lieben Sie Streitgespräche? Ihnen macht es Spaß, sich in Diskussionen mit anderen auseinanderzusetzen, zu argumentieren und die Worte im Zweikampf wie Schwerter geschickt einzusetzen. Wollen sie Ihre eigene Meinung durchsetzen? Dann tun Sie es, Sie verfügen über die nötige Energie dazu. Sie suchen in einer Diskussion nicht das Gemeinsame und Verbindende, sondern arbeiten die Unterschiede heraus. Im Bereich der Kommunikation und des Austausches – sei es verbal oder mit Waren in Handel und Gewerbe – haben Sie viel Mut zum Risiko oder wünschen es zumindest. Wenn andere die Hände brauchen, um etwas zu tun, dann benutzen Sie Worte, um sich durchzusetzen. Sie wollen etwas umsetzen, seien es Informationen oder Waren. Sie sind stets von einer aktiven Neugierde ergriffen, packen neue Interessensgebiete, zum Beispiel berufliche Weiterbildung, mit viel Initiative an. Sie sind nicht nur geistig beweglich, sondern bleiben auch körperlich kaum sehr lange am selben Ort. Das Bild eines Journalisten würde recht gut zu diesem Persönlichkeitsteil passen.

iii. Spannungsfeld zwischen Handlungsimpuls und Verantwortungsbewusstsein

Wenn Sie etwas tun, dann wollen Sie es korrekt tun. Dasselbe erwarten Sie von den anderen. Sie sind gründlich, zielstrebig, ausdauernd und zu harter Arbeit fähig. Sie brauchen Struktur und Verantwortung. Wenn nötig, können Sie konsequent für Disziplin und Ordnung sorgen. Sie haben jedenfalls das Potential dazu und können damit beruflich viel erreichen. Vielleicht ist das oben Aufgeführte für Sie nicht selbstverständlich, und Sie haben Angst, gerade in diesen Qualitäten zu versagen. Ihr Anspruch an das, was Sie tun, ist enorm hoch. In diesem Fall könnten Sie versuchen, mit sich selber ein bisschen weniger streng zu sein, sich ein paar Fehler zu erlauben und Ihre Initiative nicht zu bremsen, nur weil das Ergebnis nicht ganz perfekt ist. Durch Übung wird es Ihnen immer besser gelingen, Ihre Anforderungen und Ihre Handlungen in Einklang zu bringen. Sie haben vermutlich eine recht klare Vorstellung, was die Gesellschaft von Ihnen erwartet, was „man sollte", und Sie arbeiten hart dafür. Vielleicht sollten Sie einmal darüber nachdenken, ob Sie selber dabei nicht zu kurz kommen. Was sind Ihre persönlichen Bedürfnisse und Anliegen, und was tun Sie, weil „man" es so wünscht? Fall Sie grundsätzlich konfliktfreudig sind, schlagen Sie sich im Spannungsfeld zwischen Impuls zum Handeln und der strengen Forderung nach Verantwortung und Perfektion eher auf die tatkräftige Seite. Sie sind dann übermäßig aktiv und draufgängerisch und erleben es immer wieder, dass man Sie bremst. Beispielsweise verwehrt man Ihnen den beruflichen Aufstieg, oder Sie werden für Verkehrssünden zur Rechenschaft gezogen. Auch hier gilt es, eine innere Versöhnung zwischen „Vollgas" und „Bremse" zu erreichen, so dass Sie mit

Verantwortungsbewusstsein handeln und Ihren Willen zum Ausdruck bringen können. Dann sind Sie zu außerordentlichen Leistungen fähig.

iv. Herausgefordert durch Experimentierfreude und Tatendrang

Sie wollen in Ihren Aktivitäten unabhängig sein. Abwechslung, Aufregung und unvorhergesehene Ereignisse lassen Sie erst so richtig lebendig werden. Solche Situationen wecken Ihre Gabe, rasch und sicher neue Lösungen aufzuzeigen. Sie sind erfinderisch und probieren auch ungewohnte Wege aus. In Gefahr zeigen Sie große Geistesgegenwart. Experimentierfreude und Improvisationstalent sind Fähigkeiten, die Sie vor allem in der Bewältigung unvorhergesehener Situationen auszeichnen. Ein Beruf mit großer persönlicher Freiheit ist für Sie wichtig. Alltagsroutine ertragen Sie schlecht. Genau absehbare tägliche Pflichten langweilen und lähmen Sie. Sie wollen Freiraum. Wenn keine anderen Charakterzüge dagegen sprechen, so bringen Sie nur schwer Selbstdisziplin auf. Sie arbeiten bevorzugt unter Zeitdruck; dann sind Sie flink und kreativ. So lange Sie die Sache im Griff haben, mögen Sie Stresssituationen. Möglicherweise reagieren Sie auf langsamere Menschen ungeduldig und gereizt. Eine innere Unruhe und Ungeduld lässt Sie von einer Aktivität zur nächsten eilen. Ein Teil von Ihnen will im Schnellzugstempo durchs Leben rasen und kann sich nur mit Mühe damit abfinden, dass es Zeit braucht, um Ideen in die Realität umzusetzen. Falls Stress und Ungeduld für Sie zum Problem werden, ist zusätzlich zu einer beruflichen Arbeit mit großem persönlichem Spielraum eine sportliche Betätigung zu empfehlen, bei der Schnelligkeit eine Rolle spielt. Wenn Sie zu wenig Gelegenheit haben, auf irgendeiner Ebene das Gefühl von hoher Geschwindigkeit zu erleben, kann diese Seite Ihrer Persönlichkeit leicht durchbrennen, und Sie rasen dann schneller die Skipiste hinunter oder drücken beim Autofahren mehr aufs Gaspedal, als Sie eigentlich beabsichtigen. Auch in der Sexualität haben Sie eine Vorliebe für spontane Eroberungen und viel Abwechslung.

IX. Die Suche nach Sinn und Wachstum

i. Geistig-intellektuelle Suche nach dem Sinn des Lebens

Sie sehen den Sinn des Lebens vor allem im Wissen. Mit Aus- und Weiterbildungen sowie im fortwährenden Gedankenaustausch finden Sie geistige Nahrung. Nicht dass für Sie Gott in den Bücher steckt, aber Sie empfinden vermutlich Informationen als etwas Erhebendes. Sie suchen auf eine sachliche, objektive und neugierig-offene Art nach dem Sinn des Lebens. Neue Weltanschauungen und Konzepte prüfen Sie vor allem mit dem Verstand, lesen vielleicht ein Buch zum Thema und tauschen sich mit anderen aus. Nur was Ihnen logisch erscheint, findet Einlass in Ihr Weltbild.

ii. Partnerschaft regt zum Wachstum an

Schon seit früher Kindheit durften Sie vermutlich immer wieder erfahren, wie Beziehungen Ihr Selbstvertrauen stärkten und sich positiv auf Ihr Leben auswirkten. Auch heute bevorzugen Sie es, wenn Sie in der Partnerschaft großzügig und optimistisch sein können. Sie möchten jede Beziehung offen und lebensbejahend gestalten. Durch Ihre Begeisterungsfähigkeit haben Sie die Möglichkeit, Ihren Partner von einem Unternehmen zu überzeugen. Beispielsweise planen Sie eine Reise in ein fremdes Land und möchten Ihren Partner unbedingt mitnehmen. Sie zählen ihm alle Vorzüge auf, und Ihnen kommt keine Sekunde der Gedanke an Nachteile. So überreden Sie ihn – und vielleicht auch sich selber – voll Enthusiasmus und Begeisterung. Sie mögen es, wenn Sie von Ihrem Partner unterstützt werden, denn so ist es Ihnen wiederum möglich, sich großzügig und optimistisch zu zeigen. Sie bringen einen beachtlichen Expansionsdrang in eine Beziehung, der sich nicht ohne weiteres mit den gesellschaftlichen Vorstellungen von Partnerschaft und Ehe vereinbaren lässt. Sie nehmen die Partnerschaft von einer leichten Seite. So können Sie sich kaum vorstellen, dass es Probleme geben könnte, und zeigen wenig Bereitschaft, daran zu arbeiten. Sie sind dem Partner gegenüber großzügig und tolerant, lassen ihm viel Freiraum und können ihm auch Fehler verzeihen. Grundsätzlich sehen Sie die positiven Seiten im anderen. Sie haben die Fähigkeit, die „richtigen" Bekanntschaften zu schließen und Beziehungen einzugehen, die Sie innerlich und äußerlich weiterbringen. Partnerschaft ist für Sie die Möglichkeit, Sinn zu finden. Glaube, Hoffnung und Lebensphilosophie könnten wichtige Themen in Ihrer Beziehung sein. Ihre Weltanschauung möchten Sie mit Ihrem Partner teilen. Durch Ihre optimistische Art neigen

Sie vielleicht manchmal zum Übertreiben und können in einen fast missionarischen Eifer geraten.

iii. Der Wunsch, alles Schwere abzustreifen

Manchmal mag eine Stimme Ihnen zuflüstern, warum Sie nicht einfach die Fesseln des gewohnten Alltagslebens abstreifen, davonfliegen und alle Grenzen sprengen. Etwas in Ihrer Persönlichkeit sucht Unabhängigkeit und Bewegungsfreiheit. Es wehrt sich gegen ein allzu gesetztes Leben und zu viel Einschränkung. Es verleiht Ihnen einen Schuss Abenteuerlust, Originalität, unkonventionelle Ideen und – sofern Sie nicht darauf achten – eine gewisse Überheblichkeit, denn es kennt keine Rücksicht auf persönliche Motive und Gefühle. Wenn dieser Teil in Ihnen zum Zuge kommt, dann wagen Sie im übertragenen Sinn – oder vielleicht auch im ganz konkreten – einen Fallschirmsprung. Zumindest für kurze Zeit heben Sie die üblichen Beschränkungen auf und genießen einen Blick aus höherer Warte. Solche Erlebnisse bewirken, dass Sie den Lebenssinn hinterfragen und die Relativität einer Ansicht erkennen. Für zukünftige Möglichkeiten haben Sie eine gute Nase und neigen zu ungewöhnlichen Interessen. Sie haben ein starkes Bedürfnis nach Expansion und Weite.

X. Die Suche nach Struktur und Ordnung

i. Die Pflicht, ein biegsames Rückgrat zu entwickeln

Sie neigen zu überhöhten Anforderungen an sich selber, die Sie nie ganz erfüllen können; Sie fordern perfekte Leistung. Ehrgeiz und Leistungsdruck können Sie hart gegenüber sich selber und anderen werden lassen. Lernen Sie, sich auch Fehler zuzugestehen, sich für ein Vorhaben einzusetzen, Verantwortung zu übernehmen und diszipliniert und zielgerichtet vorzugehen, ohne den Maßstab zu hoch anzusetzen, so erhalten Sie zum Lohn innere Sicherheit und Zufriedenheit.

ii. Die Forderung, perfekt aufzutreten

Sie erheben den Anspruch an sich selber, immer perfekt aufzutreten, und tun viel für ein Erscheinungsbild, das den gesellschaftlichen Normen und Gepflogenheiten entspricht. Nach außen können Sie den Eindruck erwecken, makellos zu sein. Dabei haben Sie die Tendenz, Ihre Gefühlswelt hinter einer gesellschaftskonformen Maske zu verstecken. Sie bemühen sich um ein tadelloses Äußeres und zeigen Ihre Gefühle und Gedanken kaum, wenn diese nicht den gesellschaftlichen Regeln entsprechen. Dadurch verliert Ihr Verhalten viel von seiner natürlichen Spontaneität. Ganz Sie selber zu sein und Ihren eigenen Weg zu gehen fällt Ihnen vermutlich schwer. Bevor Sie etwas beginnen, sichern Sie sich nach Möglichkeit ab und holen sich die Bestätigung, dass Sie nichts Gesellschaftswidriges tun. Sie beginnen erst etwas Neues, wenn Sie ziemlich sicher sind, dass nichts schief geht. Das könnte heißen, dass es in Ihrem Leben Zeiten gibt, in denen Sie sich zu sehr eingeschränkt haben, und die Ihnen im Nachhinein den Eindruck vermitteln, etwas verpasst zu haben. Dies kann zum Antrieb werden, an der eigenen Persönlichkeit zu arbeiten und zu schleifen. Wenn Sie im Laufe der Jahre lernen, dass Sie sich nicht immer perfekt zeigen müssen, so werden Sie unabhängiger von Ihrer Umwelt. Das gibt Ihnen die Möglichkeit, zu Ihrer inneren Stabilität zu finden. Dieser jahrelange Prozess führt zu wachsender innerer Sicherheit und Standfestigkeit sowie zu einer starken persönlichen Ausstrahlung. Sie zeigen sich so, wie Sie wirklich sind, und geben sich selbst die Bestätigung, die Sie früher von der Umwelt brauchten.

iii. Zwischen Tradition und Fortschritt

Das Geburtsbild zeigt symbolisch einen Widerspruch in Ihrer Persönlichkeit zwischen einem sicheren, strukturierten Leben und dem Bedürfnis nach Entwicklung der eigenen Individualität. Sie sind fasziniert von Veränderungen und gleichzeitig haben Sie vermutlich Angst davor. Möglicherweise suchen Sie eine Verankerung im Materiellen und werden letztlich immer wieder feststellen müssen, dass diese Sicherheit trügt. Doch auch das Umgekehrte ist möglich, und Sie scheuen sich vor zu viel Strukturen und Verpflichtungen. Vielleicht pendeln Sie zwischen übermäßigem Sicherheitsbestreben und Freiheitsdrang, zwischen konventionellem Verhalten und Individualismus oder zwischen Tradition und Fortschritt hin und her. Die in dieser Konstellation symbolisierte Aufgabe besteht darin, einerseits übermäßige materielle Absicherungsbedürfnisse aufzugeben und Sicherheit in der eigenen Individualität zu finden, andererseits die Verantwortung für das eigene Leben zu übernehmen. Sie können so Fähigkeiten entwickeln, um Ihre zukunftsgerichteten Ideen zu verwirklichen und auch für andere Menschen bahnbrechend zu wirken. Voraussetzung ist allerdings, dass Sie erkennen, was Bestand hat und was der Erneuerung bedarf. Sie stehen zwischen Tradition und Fortschritt und sind immer wieder aufgefordert, den goldenen Mittelweg zu finden.

iv. Sicherheit aus dem Dunklen schöpfen

Haben Sie schlechte Erfahrungen mit Autoritätspersonen gemacht? Zum Beispiel als Kind mit Eltern oder Lehrern und später mit Vorgesetzten, Ärzten, Beamten oder Polizei? Sie lehnen patriarchalische und autoritäre Formen ab, gehen instinktivem Triebverhalten aus dem Weg und sind doch auf eine eigenartige Weise fasziniert davon. Sie wollen nicht von autoritären Personen angetrieben oder kontrolliert werden. Sorgfältig beachten Sie Ihr Verhalten, um keine Schwachstelle zu zeigen. Fast könnte man sagen, Sie hätten Angst vor der destruktiven Macht der Außenwelt. Sich nicht in eine Gruppe integrieren wollen, Außenseiterpositionen, Platzangst oder ein mulmiges Gefühl in großen Menschenmengen sind ein paar konkrete Beispiele dafür. Dieses Dunkle, das Sie in der Außenwelt ahnen, spiegelt Ihre eigene emotionale Tiefe wider. Es ist schwierig, diese dunkle und auch wilde und instinkthafte Seite zu akzeptieren, ohne ins andere Extrem zu gehen und nur noch „Schwarz“ zu sehen, denn vermutlich ist Ihnen eine Neigung zum Pessimisten nicht abzusprechen. Wenn Sie diesen Mittelweg zwischen Ablehnung des Dunklen und dem Versinken darin schaffen, erschließt sie Ihnen Lebenskraft und Einsicht bis in die tiefsten Tiefen der menschlichen Seele. Daraus können Sie eine große Sicherheit entwickeln, nämlich Sicherheit in sich selber, die Ihnen keine äußeren Geschehnisse je wieder nehmen können.

XI. Das Bedürfnis nach Veränderung

i. In einem pionierhaften Zeitgeist geboren

Der Zeitgeist zeigt sich auf eine pionierhafte Weise. Neuerungen stürzen geradezu ins Leben, ohne langes Fragen und Rücksichtnahme. Wenn Ihnen nach Veränderung zumute ist, kennen Sie kein langes Zögern, sondern folgen dem ersten Impuls.

ii. Das private und familiäre Umfeld im Aufbruch

Ihre familiären Verhältnisse und Ihre Wohnsituation dürften ziemlich unkonventionell sein. Möglicherweise fällt etwas in Ihrer Familie aus dem traditionellen und gewohnten Rahmen. Oder Sie selbst übernehmen die Rolle eines Außenseiters oder Rebellen. Vielleicht vertreten Sie völlig andere Ansichten als Ihre Familie. Oder Sie wechseln den Wohnort oft, stellen die Möbel um oder geben der Wohnungseinrichtung eine originelle, wenn nicht gar exzentrische Note. Gemeinsam ist diesen Beispielen die Unruhe, die Sie in Ihr Privatleben bringen. Es geht dabei immer um die Erfahrung, emotionale Geborgenheit und ein „warmes Nest" nicht in Bequemlichkeit erstarren zu lassen, sondern durch einen „frischen Wind" für Veränderung zu sorgen. Eine neue Situation bringt neue Erkenntnisse. Indem Sie mit Ihrem Bedürfnis nach Geborgenheit experimentieren, erfahren Sie mehr und mehr, was Sie wirklich brauchen.

iii. Die Energie eines Vulkans

Man könnte Ihre Kraft und Energie mit einem Volkan vergleichen; sie ist unberechenbar und nur schwer zu kanalisieren. Möglicherweise löst dies Angst aus. Sie zögern dann oft, ganz ins Leben hineinzugehen, und machen sich lieber ein Bild von der Welt, wie sie sein könnte und sollte. Dadurch kann sich eine enorme Spannung in Ihnen aufbauen, die sich durch unerwartete und aufwühlende Erlebnisse entlädt. Wenn es in Ihrer Umgebung so richtig brodelt und die dunklen Seiten des Lebens offensichtlich werden, können Sie leichter einen Zugang zu Ihrer inneren Stärke finden. Fast könnte man sagen, Sie sind dann in Ihrem Element. Ihre Gabe, in Krisen schnell und tatkräftig zu reagieren und diese zu meistern, kommt zum Vorschein. Doch haben Sie grundsätzlich sehr viel Energie, die, verschafft sie sich in einer rohen Form Ausdruck, einiges Porzellan zerbrechen kann. Lernen Sie, damit umzugehen, so können Sie gezielter über diese „Power“ verfügen.

XII. Die Sehnsucht nach Auflösung und Hingabe

i. Kollektive Idealisierung von Sachlichkeit und Vernunft

Sie Stellung deutet auf eine kollektive Tendenz, die eingefahrenen Strukturen des materiellen Lebens aufzulösen. Sie stellen viele logische und alltägliche Strukturen in Frage und lockern die starre Ordnung, indem Sie weniger festhalten und organisieren, sondern sich vermehrt einfach dem Dienst an der Sache hingeben. Im Übermaß wird der dienende Aspekt idealisiert und zum Ritual erhoben, so dass der Alltag die Färbung eines Opferganges annehmen kann.

ii. Der Wunsch nach totaler Verschmelzung

Sie können gesellschaftliche Werte und Machtstrukturen nur schwer richtig einschätzen. Falls Sie mit ausgeliehenem Geld oder anderen anvertrauten Werten zu tun haben, betrachten Sie dies leicht als Allgemeingut. Möglicherweise zerrinnt es Ihnen unter den Händen. Ein Teil von Ihnen möchte loslassen und sich auf etwas Tiefgreifendes und Unkontrollierbares einlassen. So bedeutet Ihnen vermutlich Sexualität ein Aufgehen in einem größeren Ganzen. Der Wunsch nach totaler Verschmelzung und sowohl sexueller wie spiritueller Ekstase kann Sie für Tantra motivieren oder zu Ausschweifungen oder keuscher Enthaltsamkeit verleiten. Ebenso können Sie in Religion oder Meditation totale Hingabe suchen und zu leidenschaftlichen oder gar fanatischen Zügen neigen. Auch der Tod ist von einem mystischen Hauch umgeben und mag Ihnen ebenso verlockend wie beängstigend erscheinen. Sie sind sehr offen für alles Dunkle. Fast könnte man sagen, Sie hätten ein Bedürfnis, in den Sumpf der Emotionen einzutauchen. So haben Sie vermutlich viel Mitgefühl für die Randgruppen unserer Gesellschaft, für behinderte, kriminelle oder süchtige Menschen.

XIII. Die dunkle Seite

i. Die Macht der Gefühle

Sie stellen die althergebrachten Familienstrukturen sowie die Rolle der Frau in Frage. Da es viel einfacher ist, den seelischen Rückhalt von den eigenen Familienangehörigen zu fordern, als ihn in sich selber zu suchen, neigen Sie grundsätzlich zum Festhalten aus falsch verstandener Liebe.

ii. Beziehung mit Leidenschaft

„Alles oder nichts!" heißt Ihr Motto in Beziehungen. Der Partner will Sie ganz – oder Sie ihn -, sozusagen mit Haut und Haaren. Ihre Beziehungen sind intensiv und leidenschaftlich. Dazu gehört vermutlich auch Angst vor dem Verlassenwerden und der Versuch, die Beziehung und den Partner zu kontrollieren und zu manipulieren. Eine Liebesbeziehung ohne Machtspiel, gegenseitiges Seilziehen, Leidenschaft und Eifersucht ist für Sie wie eine Suppe ohne Salz. Sie neigen dazu, sich Partner zu suchen, die sich auf diese Intensität einlassen. Möglicherweise ängstigt Sie Ihre eigene Gefühlstiefe und das Unwiderrufliche und Kompromisslose, das Sie einem geliebten Menschen gegenüber zum Ausdruck bringen. Sie gehen dann in eine passive Rolle und übergeben dem Partner gewissermaßen die Macht über sich. Sie sind dann in einer Art Opferhaltung und die Beziehung kann sehr schwierig werden.

XIV. Mondknotenachse – Eine Lebensaufgabe

i. Zwischen Gegensätzen ein Gleichgewicht finden

In Beruf und Öffentlichkeit fühlen Sie sich wahrscheinlich sehr zu Hause, sei es, dass eine berufliche Laufbahn für Sie so selbstverständlich ist wie Atmen, sei es, dass Sie sich politisch betätigen oder in Vereinen oder im Dorfleben eine aktive Rolle spielen. Sie zeigen mit Vorliebe eine autoritäre und ernste Seite Ihres Wesens, setzen Strukturen und übernehmen Verantwortung. Macht und Pflicht sind Ihnen vertraut, kindliche Abhängigkeit meiden Sie. Die dunklen Seiten des Lebens sind Ihnen nicht fremd; und Sie haben die Tendenz, auf eine fast destruktive Weise in überholten beruflichen Positionen oder Krisen zu verharren, weil Sie – überspitzt formuliert – mit der Einstellung leben, ja doch nichts mehr verlieren zu können. Macht und deren Missbrauch, Geburt, Tod und Sexualität dürften Ihnen auf seltsame Art vertraut sein, und auch die instinkt- und triebhaften Seiten im Menschen sind Ihnen nicht fremd. Ihre Lebensaufgabe lautet: Vertrauen entwickeln anstatt im Grübeln zu versinken, nicht so sehr um die „schwarzen Löcher“ des Lebens zu kreisen, sondern den eigenen persönlichen Wert zu entdecken und zu entfalten. Dazu mag Ihnen ein familiäres Umfeld mehr Unterstützung geben als Beruf und Karriere. Das Leben wird Sie immer wieder auffordern, die altgewohnte Kontrolle über sich und über andere abzubauen. Echte Befriedigung finden Sie erst, wenn Sie dieses alte Verhaltensmuster aufgeben zugunsten einer Einstellung, so zu sein, wie Sie nun einmal sind, egal wie viel Macht, Einfluss oder sexuelle Ausstrahlung Sie haben. Wenn Sie Ihren eigenen Wert, Ihre Talente und Ihr ganz persönliches Sein entdecken und darauf bauen im Vertrauen auf eigene Kraft, finden Sie zu einer neuen Lebensqualität. Indem Sie aufbauen und entwickeln, was Ihnen wertvoll erscheint, und lernen, Ihre Kraft konstruktiv zu nutzen, gewinnen Sie innere Sicherheit und Stabilität. Der Beruf ist nicht der einzige Weg zur Selbstverwirklichung. Vielleicht brauchen Sie lange, um zu erkennen, dass Sie in einer trauten familiären Umgebung erst richtig zu sich selber finden können. Wenn Sie Ihr eigenes „inneres Kind“ entdecken, das heißt denjenigen Teil von sich, der spontan aus dem Bauch reagiert, sich freut und lacht und weint, dann wird das Leben um vieles farbiger. Sie finden so auf einer tieferen Ebene Kontakt zu sich selber und können eine Quelle der Geborgenheit und Kraft im eigenen Inneren erschließen. Dies heißt nun nicht, dass Sie unbedingt eine eigene Familie haben müssen. Ihre Möglichkeiten der Selbstverwirklichung liegen jedoch weit mehr im Bereich der Familie als im unpersönlichen Klima der Berufswelt. Dabei ist das Umfeld von Bedeutung, nicht der Verwandtschaftsgrad. Eine Heimleiter- oder Erziehertätigkeit beispielsweise kann Ihnen ähnliche Erfahrungen ermöglichen wie eine eigene Familie. Wichtig ist dabei, dass Sie das Leben mehr von der ruhigen, gelassenen und sogar genießerischen Seite nehmen. Streben Sie nicht so sehr nach der Taube auf dem Dach, sondern freuen Sie sich über den Spatz in der Hand, auch wenn Sie dabei das Grübeln lassen müssen. Indem Sie hegen und pflegen, was Sie haben, können Sie immer wieder die sehr befriedigende Erfahrung machen, dass Sie etwas Eigenes aufbauen können und dass dies Ihnen innere Ruhe, Gelassenheit und Sicherheit vermittelt. All diese Aufforderungen mögen für Sie wie Abenteuer klingen, gilt es doch, sich dem Leben auf eine ungewohnte, bisher noch nicht geübte Art zu stellen. Doch ist es gerade dieses Ungewohnte, das Ihnen eine große Befriedigung vermitteln kann.

XV. Chiron – Der verwundete Heiler

i. Das eigene Hab und Gut als heikles Thema

Hier wird das Pflegen und Verwalten alles dessen, was Sie Ihr Eigen nennen, sowie ein In-sich-selbst-Ruhen und Genießen wichtig. Vielleicht treten Sie diesen Qualitäten mit einer gewissen Vorsicht oder sogar Misstrauen gegenüber, weil Sie damit schlechte Erfahrungen machen mussten. Andererseits können dies zum Wundbalsam und Heilmittel für Ihre verletzliche Seite werden, wenn Sie sich dazu überwinden, vermehrt einfach zu sein und zu genießen. Dazu gehört auch, den eigenen Körper und die unmittelbare reale Welt um sich wahrzunehmen und das, was Ihnen das Leben schenkt – materielle Werte, Fähigkeiten und Beziehungen – zu schätzen und zu pflegen wie einen schönen Blumengarten.

ii. Verletzlich im spontanen und kreativen Ausdruck

Auf Bloßstellung dürften Sie außerordentlich empfindlich reagieren. Es schmerzt Sie vermutlich sehr, wenn Sie sich zeigen, spontan und kreativ sind und jemand eine verletzende Bemerkung fallen lässt oder Ihnen auf andere Art zu verstehen gibt, dass Ihr spontanes und schöpferisches Tun nicht erwünscht ist. Wahrscheinlich kennen Sie ähnliche Situationen schon aus der Kindheit. Sie waren kreativ, kletterten auf Bäume, bastelten oder sangen, und die Eltern fanden es fehl am Platz und verdarben Ihnen die Freude. Oder Sie schämten sich, weil Sie die übermäßig hohen Ansprüche, die man an Ihre kreativen Werke wie Bastelarbeiten oder sportliche Leistungen stellte, nicht erfüllen konnten. Vielleicht hätten Sie auch mehr Beachtung und Anerkennung gebraucht. So mag die Erfahrung, dass kreativer und spontaner Selbstausdruck empfindliche Verletzungen nach sich ziehen kann, tief sitzen, und es gelingt Ihnen vermutlich nur schwer, Ihrer schöpferischen Seite Ausdruck zu verleihen, zu spielen und den Augenblick zu genießen. Oder Sie lassen das Pendel auf die andere Seite ausschlagen und gehen allzu leichtfertig Risiken ein, beispielsweise indem Sie im sportlichen Bereich Ihre Grenzen überschreiten, sich unbedacht auf ein Liebesabenteuer einlassen oder mit Geld spekulieren. Dabei wiederholt sich vermutlich auf die eine oder andere Art die alte Situation des Bloßgestellt-Werdens immer wieder, und Sie reagieren innerlich mit verletztem Stolz und Scham. Denkbar ist auch ein unerfüllter Kinderwunsch oder konkrete „geistige" Kinder, die nicht Ihren Vorstellungen entsprechen, ein Gefühl des Versagens bewirken und so auch wieder Ihr Selbstvertrauen empfindlich treffen können. Wenn es Ihnen gelingt, Ihren empfindlichen und leicht verletzbaren Stolz als Tatsache anzunehmen und wie eine sorgende Mutter abzuwägen, wann Sie sich exponieren und wann Sie sich schützen wollen, können Sie eine Fähigkeit in sich entdecken, sich und anderen zu kreativem Ausdruck zu verhelfen. Gerade weil Sie aus eigener Erfahrung wissen, wie schmerzhaft das Thema Selbstausdruck sein kann, können Sie andere mit sehr viel Einfühlungsvermögen darin unterstützen, ws letztlich auch als Segen auf Sie zurückkommt.

iii. Der Weg von Ichbezogenheit zu innerer Gelassenheit

Das Ich-Gefühl kann sich nicht einfach zu einem stabilen inneren Kern entwickeln, sondern wurde vermutlich schon in früher Kindheit „angeschlagen". Vielleicht waren Sie zu wenig Mittelpunkt für Ihre Eltern, oder Ihr Vater war kein gutes Vorbild für ein gesundes Ego. Durch äußere Erfahrungen sowie durch die Art, wie Sie die Erlebnisse Ihrer Kindheit wahrnahmen, dürften Fragen wie „Wer bin ich überhaupt?" oder „Darf ich sein?" viel Raum in ihrem Herzen einnehmen. Vielleicht geben Sie auch der kraftvollen Seite Ausdruck und bemühen sich, über Ihre Schwachstellen zu wachsen, streben nach einer ausgeprägten persönlichen Entwicklung, verfügen über einen starken Willen und möglicherweise über ein etwas starres Ego. Oder Sie lassen eine andere Vaterfigur, beispielsweise einen Partner oder Vorgesetzten, für Sie „strahlen" und leben gleichsam in seinem Schatten, bewundern ihn und hassen ihn gleichzeitig für seine Vorbildfunktion. In beiden Fällen spielen Sie eine Rolle und leben nicht gemäß Ihrem wahren Selbst, und dies mag Ihnen auch immer wieder schmerzlich bewusst werden. Obwohl und gerade weil Sie in Ihrem Selbstbewusstsein empfindlich reagieren, gilt es, diesen schwachen Punkt in Ihrer Ich-Identität zu akzeptieren und sowohl die Tendenz zu Egoismus und Arroganz, wie auch den Götterfunken, die Fähigkeit, über sich selbst hinaus zu wachsen, anzunehmen. Indem Sie mit Ihren menschlichen Schwächen gleichsam Freundschaft schließen und Ihre Selbstverwirklichung weder zum absoluten Ziel erklären noch sich darauf beschränken, anderen dabei zuzusehen, verschwindet die vielleicht schmerzhafte Frage nach der Existenzberechtigung zwar nicht einfach, doch zeigt sich die heilende Wirkung. Durch die außergewöhnliche Auseinandersetzung mit den Fragen von Sein oder Nicht-Sein dürften Sie ein großes Verständnis für die Selbstverwirklichung anderer aufbringen. Sie werden für viele zu einem Wegweiser.

iv. Verletzlich sein ermöglicht Nähe und Herzenswärme

Die Verbindung lässt darauf schließen, dass Sie sich von Ihrer Mutter in der einen oder anderen Weise verraten fühlten. Vielleicht wollte Ihre Mutter keine Kinder, oder Sie fühlten sich in wichtigen Augenblicken im Stich gelassen. Denkbar wäre auch, dass Sie für das Wohlbefinden von Mutter oder Geschwistern sorgen mussten und sich zu früh mit einer fürsorglichen und Geborgenheit spendenden Rolle identifizierten. So dürfte es Ihnen auch jetzt eher schwer fallen, andere nicht zu sehr zu bemuttern. In kurzen Momenten des Nach-innen-Horchens mögen Sie sich fragen, wer sich denn eigentlich um Sie kümmert. Eine Art Hungergefühl nach Geborgenheit, Ärger oder Traurigkeit steigen auf, wenn Sie innehalten. Möglicherweise suchen Sie sich Menschen, die von Ihnen abhängig sind und für die Sie sorgen können, um diesen seelischen Hunger durch Handeln zu übertönen. Dabei ist eine verwirrende Unklarheit über die eigenen Gefühle und Motivationen nicht auszuschließen. Folgen Sie dem inneren Ruf, so können Sie entdecken, dass Sie über eine Quelle der Geborgenheit und Herzenswärme verfügen, bei der Sie jederzeit neue Kraft schöpfen können. Wenn Sie daraus nicht den irrigen Schluss ziehen, auf keine anderen Menschen mehr angewiesen zu sein, sondern akzeptieren, dass Sie in Ihrem Bedürfnis nach Zuneigung und Geborgenheit verletzlich sind, so kann sich die positive, heilende Seite der Verletzung entwickeln. Ihre Gefühlswelt ist gerade durch die Verletzlichkeit so fein abgestimmt, dass Sie anderen mit sehr viel Herzlichkeit und Wärme begegnen und ihnen emotionalen Rückhalt vermitteln können. In diesem Sinne wirken Sie heilend, auch wenn Sie sich selber keineswegs als heil empfinden mögen.

v. Schwächen liebevoll annehmen

Sie stehen sich selber und anderen kritisch gegenüber und neigen zu einer Überbetonung von Fehlern und Schwächen. „Ich bin zu wenig perfekt“ oder „Du machst alles falsch“ können eine Art Leitsätze in Ihrem Leben sein, die Ihnen manches erschweren und zu Verunsicherung und daraus heraus zu vermehrter Kontrolle führen. Doch dies ist eine Sackgasse, und es gilt vielmehr, menschliche Schwächen und die Unvollkommenheit der realen Welt zu akzeptieren. Indem Sie Ihre eigenen Mängel liebevoll annehmen und gleichsam mit dem Mut zur Demut sich trotzdem ganz ins Leben einlassen und Fehler riskieren, entwickeln Sie eine innere Menschenwürde und Sicherheit, die Sie unabhängig vom gesellschaftlichen Status zu einer wahren Persönlichkeit reifen lässt. So können Sie zu einer tiefen Weisheit finden, zu einem Wissen, was möglich ist und wo die Grenzen des Menschen liegen, die trotz aller Bemühungen nicht überschritten werden können. Diese auf einer inneren Sicherheit basierende Ausstrahlung wirkt auf andere sehr ermutigend, wenn es darum geht, Verantwortung zu übernehmen und sich den Aufgaben dieser Welt zu stellen.

vi. Mit dem Dunklen Freundschaft schließen

Macht – sei dies offensichtlich in einer beruflichen oder gesellschaftlichen Stellung oder mehr verborgen in Beziehungen und Sexualität – dürfte ein eher heikles Thema für Sie sein, denn dieser Bereich ist in Ihrem Erleben eng mit Missbrauch gekoppelt. Vielleicht stolpern Sie immer wieder über die eigene zerstörerische Seite, vielleicht schmerzt Sie die subtile oder offene Manipulation Ihrer Mitmenschen, oder das Gefahrenpotential in der Welt verursacht Ihnen ein mulmiges Gefühl. Es geht weder darum, so viel als möglich unter Kontrolle zu bringen, noch sich von der eigenen Leidenschaft, Risiko- und vielleicht sogar Todesbereitschaft verbrennen zu lassen wie die Motte vom Licht. Die Aufforderung an Sie lautet, die manipulativen, zerstörerischen Seiten des eigenen Wesens liebevoll anzunehmen und mit ihnen und nicht gegen sie zu leben. So wird es möglich, sie in konstruktivere Bahnen zu lenken, wo Sie, weil Sie die Tiefen menschlichen Lebens aus eigener Erfahrung kennen, für andere zu einem heilsamen Begleiter durch Krisen und schwierige Lebensabschnitte werden können.

XVI. Lilith – Die weibliche Kraft der Seele

i. Der Durst nach Freiheit

Freiheit über alles! Dies dürfte eine wichtige Devise in Ihrem Leben sein, Vor allem dem anderen Geschlecht gegenüber sind Sie nicht ohne weiteres bereits, sich einzulassen. Einerseits faszinieren Sie eigenständige und freiheitsliebende Frauen, andererseits mögen Sie auch vor einer ungezügelten Weiblichkeit zurückschrecken. Dabei ist es Ihre eigene weibliche Seite und wilde Natur, die bei der Begegnung mit einer solchen Frau ins Bewusstsein dringt. Vermutlich allzu oft lassen Sie sich auf die Strukturen und Vorgaben der Gesellschaft ein und stellen dabei einen Teil Ihrer selbst zur Seite, der eigentlich gerne über die engen Vorstellungen hinweggehen und Individualist, vielleicht sogar Rebell spielen würde. In diesem Fall dürften Sie überdurchschnittlich häufig auf Menschen treffen, die Ihnen mit Ihrem individualistischen Verhalten empfindlich auf die Zehen treten. Sind Sie selber eine freiheitsliebende Natur und rütteln an den Festen veralteter Gesellschaftsnormen, so reicht es nicht, wenn Sie dies mit einem glasklaren Geist tun. Sie verlieren sich dabei schnell und unmerklich auf dem Glatteis von Zynismus und kalten Theorien. Ihr kompromissloser Absolutheitsanspruch kann verletzend sein und Sie letztlich vereinsamen lassen. Damit dies nicht geschieht, müssen Sie auch Intuition und Gefühl einbeziehen. Wenn Sie Intellekt mit Herzensgüte zusammenbringen, werden Sie erst zu einer ganzheitlichen Persönlichkeit.

ii. Das Bedürfnis, sich in die materielle Welt einzugeben

Im Bereich des Geldes, im Umgang mit allem, was im weitesten Sinne Besitz ist, also mit materiellem Eigentum ebenso wie mit eigenen Talenten, Beziehungen oder auch geistigen oder spirituellen Werten, müssen Sie sich immer wieder neue Maßstäbe setzen. Der Bezug zu diesen Themen ist auf seltsame Art zweideutig. Möglicherweise möchten Sie vieles besitzen und empfinden die Verwaltung des Eigenen gleichzeitig als Last oder Einschränkung. Oder Sie möchten Wohlstand und viel Geld und scheuen den dazu nötigen Einsatz. Sie sammeln vielleicht irgendwelche Dinge und fragen sich gleichzeitig, warum Sie sich mit solchem Ballast versehen. Aber auch bezüglich des Umgangs mit dem eigenen Körper, mit Sinnenfreuden und Erotik ist Ihre Haltung kaum eindeutig klar. Letztlich sind all diese Bereiche Ausdruck Ihres Selbstwertes. Unter den sichtbaren Auswirkungen mag die zentrale Frage lauten: Was bin ich wert? So identifizieren Sie sich mit bestimmten Werten, beispielsweise einem Eigenheim oder einer Begabung. Doch irgendwann ist die Zeit dazu abgelaufen, Sie spüren, dass Sie loslassen und nach neuen Werten suchen müssen. Eine innere Stimme oder auch äußere Ereignisse mahnen Sie, sich von Altvertrautem zu lösen und weiterzuschreiten. Dem Ego mag dies nicht immer leicht fallen. Es ist durchaus möglich, dass Sie sich von diesem Text nicht angesprochen fühlen, Sie jedoch nach Partnerinnen Ausschau halten, die eine natur- und instinktnahe Sinnlichkeit ausstrahlen und die Auseinandersetzung mit den eigenen Werten gleichsam für Sie übernehmen.

iii. Die Schwierigkeit, Wille und Gefühlstiefe zusammenzubringen

Sie mögen sich mit Zielen und Vorhaben identifizieren, die Ihnen das Ego einflüstert, und gleichzeitig auf einer tieferen Ebene ahnen, dass die eingeschlagene Richtung nicht Ihrem wahren Kern entspricht. Vielleicht erleben Sie auch egoistische Zielstrebigkeit durch einen Partner oder Vorgesetzten und identifizieren sich selber vermehrt mit etwas Emotional-Seelischem, Körper- oder Instinktverbundenem, das von den Egoansprüchen Ihrer Umwelt einfach niedergewalzt wird. Als Kind der abendländischen Kultur mit ausgeprägten patriarchalischen Zügen neigen auch Sie dazu, in sich wie in anderen das Aufkeimen einer lebensnahen, weiblichen Urkraft zugunsten von Willen, Egoansprüchen und Dominanzstreben zu ersticken. Doch lässt sich dieser Aufschrei aus der Tiefe der Seele nicht so leicht verdrängen. Halten Sie an egoistischen Zielen und Vorstellungen fest, so nimmt die Natur trotzdem ihren Lauf. Sie werden dann vom Leben auf oft schmerzhafte Weise zu Richtungsänderungen gezwungen. Die Unvereinbarkeit von Wille und Gefühlstiefe verlangt so lange Ihren Tribut, bis Sie gelernt haben, beiden gleichermaßen Raum in Ihrem Leben zu geben. Eine innere Instanz fordert ein Leben aus den tiefsten Gefühlen heraus, ein Leben, das Ihre weiblichen Seelenanteile zum Ausdruck kommen lässt. Die Energie soll aus dem Vollen fließen und Liebe, Leidenschaft, Hass, aufwühlende Gefühle und intuitive Erkenntnisse dem Willen und den Ansprüchen des Ego ebenbürtig werden lassen. Erlauben Sie sich, wirklich auf Ihre Gefühle zu hören, so werden Sie immer wieder Ihre Zelte abbrechen müssen und im übertragenen oder sogar im konkreten Sinn das Leben eines Nomaden führen. Abschiedsschmerz wechselt mit Lebensfreude, Führungsanspruch mit Zurücktreten. Sie reifen in diesem Zyklus von Werden und Vergehen.

iv. Die Auseinandersetzung mit dem Mutterbild

Was bedeutet Ihnen die Mutter? Die Sehnsucht nach der Geborgenheit im Mutterschoß, nach Geben und Empfangen von Wärme und Zärtlichkeit mag sich in Fragen, Wünschen und Vorstellungen rund um das Mutterbild ausdrücken. Vielleicht erlebten Sie Ihre Mutter gleichzeitig als übermäßig fürsorglich und fordernd-verschlingend. Oder die Erinnerung an sie scheint irgendwie gefühllos zu sein. So gewichten Sie auch Ihr eigenes Bild von Frauen und Müttern entweder zu sehr oder werten es ab. Um sich von Ihrer eigenen Mutter zu lösen und eine gesunde Beziehung zu einer Frau aufbauen zu können, müssen Sie Geborgenheit in der eigenen Tiefe finden. Auch mit sich selbst gehen Sie ähnlich ambivalent um, schwanken zwischen Hass und Liebe sich selbst gegenüber, verweigern sich die Erfüllung Ihrer Bedürfnisse nach Geborgenheit und Wärme, ja, nehmen diese vielleicht nicht einmal wahr. Sie müssen erst im Verlaufe der Jahre lernen, sich selbst eine gute Mutter zu sein. Sie müssen Ihr eigenes inneres Kindnaturell suchen und ihm all die Wärme und Zärtlichkeit geben, die es in Ihrer Kindheit misste. Vielleicht fühlen Sie sich zu starken, mütterlich-fürsorglichen Frauen hingezogen. Oder Sie sind sogar gefühlsmäßig abhängig, weil sie – etwas provokativ formuliert – in der Partnerin einen Ersatz für Ihre Mutter suchen. Die damit verbundenen Erfahrungen können recht schmerzhaft sein. Doch sie kommen und gehen wie Wellen und spülen Sie jedes Mal etwas näher an Ihren Seelengrund. Eigentlich geht es darum, die eigenen Bedürfnisse wahrzunehmen und zu stillen. Es ist wichtig, in zyklischen Abständen inne zu halten und nach innen zu horchen, auch wenn Sie auf Schmerz und Trauer stoßen. Halten Sie immer wieder Zwiesprache mit Ihrer Seele und schenken Sie Ihr Gehör, so sind Sie nicht länger abhängig von äußeren Streicheleinheiten, sondern können mehr und mehr eine weibliche Urkraft voller Zärtlichkeit und Liebe aus Ihren Tiefen schöpfen und für sich und für andere im Überfluss ausgießen. Erst diese Seelenkraft, die auch Ihre weiblichen Anteile zum Klingen bringt, vermag Sie so richtig zum Strahlen zu bringen.

v. Eine Brücke zwischen Intellekt und Gefühlstiefe

Sprache und Denken sind gefärbt vom Unergründlichen, der Unbestechlichkeit und dem Absolutheitsanspruch. Vielleicht vermitteln Sie durch Schweigen, was Sie durch Worte nicht ausdrücken können, oder kommunizieren mit Körpersprache, Malen, Musik oder anderen nicht verbalen Medien. Vielleicht versuchen Sie, das, was Sie sprachlos werden lässt, in eine schriftliche Form zu bringen. Oder Sie nehmen Humor oder Ironie zu Hilfe, um das Paradoxe des Lebens und der eigenen Gefühle und Fantasien in Worte zu kleiden. Verstand ohne Gefühl kann schneidend scharf und zerstörerisch sein. Sind die Worte beseelt, so werden sie menschlicher. Sie sind aufgefordert, eine Brücke zwischen Intellekt und Gefühlstiefe zu bauen.

vi. Gefühlstiefe gepaart mit Durchsetzungskraft

Frauen sind stark, durchsetzungsfähig und unabhängig. Diese oder eine ähnliche Einstellung dürfte den Beziehungen zum anderen Geschlecht einen komplexen und paradoxen Anstrich geben. Bewunderung, gemischt mit Angst, von Gefühlen überrannt zu werden, mögen Sie zu einer kämpferischen Haltung veranlassen. Die ideale Ausdrucksweise wäre Gefühlstiefe, gepaart mit einem starken Willen. Ihr Tun wird nicht nur vom Ego und Verstand gesteuert, sondern von einer inneren Instanz, die man als Intuition oder innere Stimme bezeichnen könnte. Jede Aktivität mag eine Zeitlang richtig sein, doch einmal hat sie sich totgelaufen. Je besser Sie mit Ihrem Seelengrund in Verbindung stehen, desto deutlicher spüren Sie, wenn es an der Zeit ist, eine gewohnte und vielleicht lieb gewordene Tätigkeit oder Handlungsweise aufzugeben und Raum für Neues zu schaffen. Das Ego neigt dabei oft zum Festhalten, was eine schmerzliche Zerreißprobe nach sich ziehen kann. Lassen Sie sich auf den zyklischen Ablauf Ihres Tuns ein, nehmen Sie Neues in Angriff und lassen Sie es wieder los, wenn die Zeit dazu gekommen ist. Ihre Energie kommt in diesem Auf und Ab erst so richtig in Fluss.

vii. Eine leidenschaftliche Suche nach dem Sinn des Lebens

Begrenzungen sind da, um sie – sowohl zum Guten wie zum Schlechten – zu überwinden. Innere und äußere Freiheit ist Ihnen vermutlich ein zentrales Anliegen. So stellen Sie Ihr Weltbild, Ihre gesellschaftliche Stellung und Ihr Ansehen immer wieder in Frage. Lebenssinn ist für Sie keine Sache, die man sich einmal erwirbt und dann bis an sein Lebensende mitschleppt, sondern etwas, das in einem mehr oder weniger regelmäßigen Zyklus erneuert werden will. Wie ein Baum jeden Frühling neue Blätter treibt und diese im Herbst wieder abwirft, so muss Ihr Weltbild und Ihre Wahrheit immer wieder neu aufgebaut und wieder losgelassen werden. Und wie der Baum wachsen Sie dabei und verankern sich gleichsam mehr und mehr in Ihrem „Seelengrund“.

viii. Aufforderung zur wahren Identität

So wie das hässliche Entlein im gleichnamigen Andersen-Märchen erst entdecken muss, dass es ein wunderschöner Schwan ist, so müssen auch Sie Ihrer wahren Natur auf den Grund kommen. Das hässliche junge Entlein, das eigentlich ein junges Schwänchen ist, wird im Entenhof geplagt und verspottet, weil es anders als die anderen ist. Vielleicht fühlen Sie sich manchmal auch als Schwan unter Enten oder als Fremdling der eigenen Familie. Die Suche nach Ihrer wahren Identität bleibt Ihnen nicht erspart. Es geht dabei nicht so sehr um Willen, Durchsetzung oder rationale Klarheit, sondern mehr um Ihre Instinktnatur und Seelentiefe. Diese wollen erkannt und zum Ausdruck gebracht werden. Konkret kann dies bedeuten, dass Sie eine angepasste Rolle durchbrechen und aus dem Rahmen treten. Wenn Sie Ihrer inneren Natur zum Durchbruch verhelfen, finden Sie auf einer tiefen Ebene zu sich selber. Diese innere Kraft ermuntert Sie in zyklischen Abständen zum Loslassen und Weitergehen und führt Sie so durch einen tiefgreifenden Reifeprozess.

Printed by Books on Demand GmbH, Norderstedt / Germany